CW00486999

Oscar Travino

ALMA
De profundis clamo ad te, Homine

Pensieri liberi di uno psicoterapeuta

2021

De profundis clamo ad te, Homine

Nulla di più divino nell'umano
Nulla di più umano nel divino

Non bisogna mai esaurire un argomento
al punto che al lettore non resti più nulla da fare:
perché non si tratta di far leggere, ma di far pensare.
[Montesquieu]

Etimologicamente *Alma* deriva dal latino *almus*, *alma* (da *alo*, *alere*, "nutrire"). È il soffio vitale che nutre, e che dà vita ad ogni cosa.

Un libro scritto da un uomo per l'Uomo.

Questo è un libro non lineare, o forse non è nemmeno un libro.
È una raccolta di semi.
Piccoli semi, da piantare ogni giorno e poi scaldare, nutrire, proteggere, alimentare.
Perché diventino altro.
Un'idea, una scelta, una decisione, un nuovo progetto, una spinta al cambiamento.

Questo libro si può leggere tutto d'un fiato oppure, meglio, aprirne ogni giorno una pagina a caso, leggerla e lasciare che emozione, pensiero e azione facciano il resto.
Un primo passo.

Alla riscoperta di quell'*Alma* che permea ogni cosa.

Il regno di Dio è dentro di te,
è tutto intorno a te (...)
non in templi di legno e pietra.
Solleva una pietra ed io ci sarò,
spezza un legno e mi troverai.
[Vangelo apocrifo di Tommaso]

È tempo di riscoprire la piena totalità del nostro essere umani.

L'originale Pangea che è all'origine di ogni nostra frammentazione.

L'Uomo, nella sua interezza, prima di quella deriva dei continenti che ci ha condotti ad una visione parziale.

Quel po' di Asia che è presente in America, quel po' di India che è presente in Europa.

Siamo creature ibride, dotate di istinto e ragionamento, di un'area del nostro cervello che è l'evoluzione di quella dei dinosauri - istintuale, immediata, intuitiva - e di una parte che ci permette funzioni evolute quali linguaggio, deduzione, pensiero.

Solo la riappropriazione della nostra innata dualità e la sua integrazione in un Uno integrato può permetterci di vivere nella pienezza del nostro essere.

Niente di quanto ci appartiene va escluso.

Siamo animali.

Abbiamo bisogno di natura, stimoli, proviamo attrazione sessuale, istinti aggressivi, impulsi irrazionali.

Siamo divini.

Abbiamo in noi una parte saggia, in grado di trovare

soluzioni ai problemi, di rinascere a nuova vita, di operare scelte difficili, di comporre poesie, di dipingere quadri e produrre opere d'arte, di trasmettere conoscenze, costruire idee, amare al di là del tempo e di ogni distanza.

E allora ti invoco, mio Uomo, dalla parte più oscura del mio giorno.

Quando mi sento perso, smarrito, confuso, disorientato.

De profundis clamo ad te, Homine.

Manifestati in me, e guidami con la tua Luce che è anche la mia.

De profundis

Mi sembrava di impazzire.
Mille voci, mille spinte, mille aspettative.
Ed io ero una, sono una.
Ogni persona intorno spingeva per tirar fuori una parte
di me, quella che più gli conveniva, quella più aderente
ai suoi bisogni.
Ed io, per anni, funambola tra mille spinte diverse.
I genitori, il partner, i figli, gli amici.
Fino a perdere il centro del mio essere.
Chi ero? Chi sono?
E allora mi sono spogliata di tutto.
Ed è stato smarrimento.
Nessuna direzione suggerita –
ora ero io artefice delle mie scelte.
Ho accarezzato il mio corpo nudo.
Il mio respiro, il mio battito - origine del mio mondo,
suono antico del mio essere.
Esisto, sono una persona prima di un ruolo.
Ho aperto le braccia piano - anima nuda - e mi sono
stretta, forte.
E non ho avuto più paura.

Homo sum, humani nihil a me alienum puto
[Terenzio]

"Sono un essere umano, nulla di quanto è umano ritengo a me estraneo". E quindi sì, sono anche io a volte preoccupato, o triste, o spaventato.
Commetto errori. Ho tentennamenti, insicurezze, dubbi.
Ho le mie giornate no, le mie stanchezze, i miei rifiuti.
Le mie zone d'ombra.
Ho imparato ad accettare il buio come parte del mio giorno, le mie zone oscure come parte del mio essere.
Non le rinnego, non le nascondo. Le accolgo, le vivo.
So che ogni notte vede la sua alba, e che ogni giorno avrà la sua oscurità.
Vivere è anche questo.
È pienezza del nostro essere umani.
Meraviglia di contrasti, conflitti, desideri, compromessi, ripensamenti, rinascite.

Accadde Oggi.

Immagina di trovarti a percorrere, d'inverno, un sentiero desolato. E di finire fuori strada.

Paura, isolamento, intorno il silenzio, emozioni negative che ti attanagliano.

Te la caverai, e non tornerai più in quel luogo.

Ecco cosa accade. Quel posto, quella desolazione, quel silenzio, quel freddo, resteranno impressi nella tua memoria come indissolubilmente legati a emozioni spiacevoli.

Passeranno le stagioni, i rami regaleranno fiori alla primavera, l'aria sarà colorata del cinguettio degli uccelli, ma quel posto sarà in te eternamente cristallizzato in un gelido e perenne inverno.

Questo è quanto accade a molti nostri ricordi.

Ora, sfatiamo il mito che il passato sia immutabile.

Può essere vero per i fatti, non per la rappresentazione che ne hai nella tua memoria.

Parlare, rielaborare, tornare con i ricordi ad eventi passati permette di scoprire nuovi dettagli, nuovi punti di vista.

E, spesso, le emozioni connesse si trasformano.

Si addolciscono, si modificano.

Qualche volto diventa meno spaventoso, qualche stanza della memoria meno gelida, e forse, se respiri a fondo, puoi quasi sentire, tra il ghiaccio, il profumo di nuovi germogli.

E il desolato sentiero, illuminato con i colori della primavera, può trasformarsi anche in un luogo di pace.

Il tuo passato non è sempre una tua responsabilità.

Risignificarlo, dargli nuova luce, farne pace, è una tua possibilità.

$$F_b = -F_a$$

Ad ogni azione corrisponde una reazione uguale e contraria.
[Terza legge della dinamica]

Ciò che appare e non è, è un'illusione destinata a dissolversi nel soffio di un istante.
Senza lasciare traccia.
Non siamo al mondo per apparire, per accumulare ricchezze, per compiacere gli altri, per prendere bei voti, per salire sul podio della gloria.
Siamo al mondo per essere, per evolvere, per incontrare noi stessi poi gli altri, per partorire la nostra luce, e far sì che partecipi alla primavera del mondo.

Ogni azione crea una direzione.
Una direzione nello spazio e nel tempo, che si dirama, si alimenta, si diffonde in un'esponenziale rete di nuovi eventi, iniziative, coinvolgimenti.
Nuova energia, per te e per gli altri.
Le solite azioni creano le solite reazioni.

Cosa accadrebbe se tu oggi decidessi di fare qualcosa mai fatto prima?

Alice: Volevo soltanto chiederle che strada devo prendere!
Stregatto: Be', tutto dipende da dove vuoi andare!
Alice: Oh veramente importa poco purché io riesca...
Stregatto: Be', allora importa poco che strada prendi!
[Alice nel paese delle meraviglie]

Quello che non ti insegnano è che nella vita ci sono domande senza risposta, dove non è la risposta a non esserci ma è la domanda ad essere sbagliata.

Andrà bene?
Finirà?
È la strada giusta?

Non ti insegnano che la vita non è come uno di quei compitini che ti assegnavano alle elementari.
Qualche passaggio, e una soluzione chiara e certa.
Giusta o sbagliata.

Cresci, e scopri che spesso devi improvvisare, che quasi sempre devi lanciarti in passi senza sentirti affatto sicuro, che è meglio se abbandoni troppe domande sul futuro e ti lasci andare al tuo Adesso.
Ma lo impari da solo, non te lo dice nessuno.

Quello che non ti insegnano è che non puoi restare tutta la vita in una bolla, protetta e morbida, o passerai da dipendenza a dipendenza. Tua mamma, poi il tuo partner o qualcun altro. Arriva il momento in cui sei orfano, che tu abbia ancora i tuoi genitori o meno. E allora devi uscire dal guscio, affacciarti all'uscio di casa, respirare l'aria e muovere i tuoi passi.

Non è minaccia lì fuori.

È meraviglia di scoperta.

È un mondo vario, a volte folle, incomprensibile, straordinario e incantevole.

Un crocevia di vite come la tua.

Persone spaventate, persone deluse, persone che ci credono ancora, persone che vogliono rinascere.

E lo fanno, giorno dopo giorno.

Ma non te lo dicono, sarà la vita a suggerirtelo quando sarà il tuo momento.

E allora tu seguila, e non aver paura.

Ogni fiume scorre tra mille ostacoli ma poi trova il mare, e ogni notte risveglia paure e timori che l'alba poi spazzerà via.

Una nave è al sicuro nel porto,
ma non è per questo che le navi sono fatte.
[William G. T. Shedd]

La percezione del rischio si colloca lungo un continuum che va dalla sottostima alla sovrastima.

Ci si concentra spesso sui rischi connessi alla sottovalutazione, molto poco su quelli connessi a una percezione di rischio sovrastimata.

Eppure, essa provoca danni altrettanto importanti.

Sovrastimare il rischio di una delusione può provocare distanze con gli altri e la mancata possibilità di entrare in relazioni significative.

Sovrastimare il rischio di un fallimento può provocare il non mettersi in gioco, il non provarci nemmeno. Perdendosi, così, il bello del vivere, fatto di cadute e ripartenze. E, con la perseveranza, sudate e soddisfacenti conquiste.

Sopravvalutare rischi legati a salute e malattia può portare a non prendere iniziative, a non spostarsi, a non mettersi in gioco, a investire gran parte delle proprie energie in preoccupazioni su cose non ancora avvenute e che, probabilmente, nemmeno avverranno.

Sopravvalutare i rischi del volare può portare a non prendere aerei, a non vedere l'altra faccia del mondo. Nuovi popoli, nuove culture, nuova energia. La visione del mondo si chiude, si circoscrive, e questo non fa altro che aumentare ulteriormente le paure.

La sovrastima del rischio è spesso legata ad una illusione iperstimata di controllo: evitare tutto ciò che esula dalla propria possibilità di intervento diretto, nell'illusione di poter, in questo modo, evitare i rischi.

Ma è, appunto, una pura illusione.

C'è una legge universale di vita: non si può controllare tutto.

Nessuna azione umana e nessun evento è completamente scevro da una percentuale, se pur minima, di rischio. Ma è un rischio relativo se rapportato a quello, smisurato, di smettere di essere, sperimentare, agire, provare, mettersi in gioco.

Vivere è accettare che non tutto è sotto il nostro controllo.

E a noi non resta che affidarci, vestirci delle migliori intenzioni, di curiosità e leggerezza, e scorrere, fiduciosi e fluidi, nel grande gioco dell'esistenza.

Non bisogna mai andare più veloci della propria velocità.
(Philippe Labro)

I figli, il lavoro, la casa, il partner, gli amici, gli impegni, le bollette, le mansioni, i ruoli, le cose da sistemare, i soldi, le cose da fare.

Fermati un attimo.
Accarezzati il viso.
Guarda il ventre che si solleva piano col tuo respiro.
Chiediti come stai, se è questa la vita che vuoi.
Svegliati piano, resta un po' nel letto.
Fa qualcosa per te.
Ricordati: tu sei.
Prima di tutto il resto, sei *tu* ad aver bisogno di te.
Muovi un passo verso i tuoi desideri.
Regala ai tuoi istanti quel tuo bel sorriso.

E che cercare l'altro sia per te desiderio di vero incontro, e non fuga da te stessa.
Perché nessun respiro oltre il tuo può essere casa.
Occorre far pace con le proprie ombre, prima di incontrarsi alla luce del "Noi".

Ricordati,
se mai dovessi aver bisogno di una mano che ti aiuti,
che ne troverai una alla fine del tuo braccio.
[Audrey Hepburn]

Ho cercato in ogni modo qualcuno che mi salvasse.
Un aiuto, negli occhi e nei gesti dell'altro.
L'ho sperato, disperatamente anelato, elemosinato.
A volte preteso.
E quanta rabbia, quante lacrime. Quanta frustrazione.
Per me, per l'altro. Investito prepotentemente di un ruolo
che non gli compete: portare il peso dei miei nodi e
scioglierli.
Poi ho capito che così facendo svalutavo me.
Il mio coraggio, il mio corpo, il mio essere persona.
La mia capacità di tirar fuori il mio coraggio, e scegliere.

E allora ho scelto,
e allora mi sono salvato.

Puoi non farcela da solo, ma tu solo puoi farcela.

Hai presente quando un bimbo piccolo cerca di arrampicarsi su un divano per la prima volta? In quel momento si trova in quello che viene chiamato lo "spazio di sviluppo prossimale", secondo la definizione del famoso psicologo sovietico L. S. Vygotskij. In parole semplici, la zona di sviluppo prossimale si può definire come la differenza tra ciò che una persona sa fare da sola e ciò che è in grado di fare con l'aiuto e il supporto di qualcuno più esperto.

Due sono gli scenari possibili:
-la mamma lo aiuta immediatamente prendendolo in braccio
oppure (gestendo anche una piccola quota d'ansia)
-la mamma resta in disparte, vigilando su ciò che accade, fornendogli indicazioni e strumenti per poter riuscire a farlo in autonomia. E il bambino, dopo vari tentativi, riesce.

Pensa alle implicazioni psichiche connesse alle due opzioni:
-'non posso farlo senza mamma'
-'posso farlo con le mie forze'.

Tutti talvolta abbiamo bisogno dell'aiuto altrui, e chiederlo non è vergogna né debolezza.
Puoi non farcela da solo, ma tu solo puoi farcela.
Pensaci, prima di fornire le tue soluzioni immediate a chi può tirar fuori risorse e riuscirci, o prima di chiedere con troppa leggerezza aiuto su ciò che scopriresti di saper fare con le tue forze.

A volte è più semplice liquidare tutto con un "non è facile".

A volta è più semplice dire che "sei fatto così" e non puoi farci niente.

A volte è più semplice prendertela con gli altri, con il mondo o con la sfortuna.

A volte è più facile sentirti vittima che rimboccarti le maniche e darti da fare per cambiare le cose.

Smettila di dire "non posso".

Smettila di svalutare il tuo potere.

A ciascuno il suo sogno.
Trova il tuo, e fanne profumo e lanterna del tuo esistere.

Che poi della mia vita io ricordo
quei miei innamoramenti
i timori delle prime volte –quell'ansia che oggi risplende
d'immensa bellezza,
la meraviglia dei miei occhi di fronte a panorami nuovi,
e quei momenti di follia,
le sconfitte che la tenacia trasforma in soddisfazioni,
e tutto quel che ho fatto, non perché giusto, non per
essere accettata, ma perché dettato dall'irruenza di un
cuore che sceglie sempre di pulsare.
Ancora e sempre viva, ancora e sempre qui.

Cosa ricordate della vostra vita?
Di sicuro non il voto di un esame, o un colloquio di lavoro, o lo stipendio che avete ricevuto.
Ricordate quel batticuore, quella piccola follia che vi siete concessi, il sorriso di vostra madre, le prime parole di vostro figlio, quel senso di connessione col tutto quando avete visitato per la prima volta quel luogo tanto sognato.
Quello che resta sono piccole cose.
E sono quelle che contano davvero.

Affrettati lentamente.
[Svetonio]

Sì, fantastico.

L'informazione a portata di un dito, senza dover più ricercare tra i libri o sfogliare enciclopedie. Una barra di ricerca su uno schermo, un click, e in un secondo è tutto disponibile.

Sì, fantastico.

Si può incontrare qualcuno, farci anche sesso, basta un messaggio, senza ore di attese, appostamenti, estenuanti corteggiamenti.

Sì, fantastico.

Qualunque oggetto ti arriva a casa il giorno dopo, senza infinite ricerche tra i negozi.

Senza infinite code ai camerini, ordini quel vestito online e, se non dovesse piacerti, lo rendi e via col prossimo acquisto.

Sì, fantastico.

Prenoti un aereo e con pochi euro sei in un'altra città o nazione. Senza le estenuanti ore in auto, o in treno, in un tempo lunghissimo che lento scandiva il tuo allontanarti.

Sì, fantastico.

Anche i vocali su whatsapp possono essere velocizzati. Rende la voce un po' buffa, perdi pause e inflessioni, tentennamenti e imbarazzi. Ma pazienza. È veloce.

Tutto è immediato, tutto è veloce.

E noi ci stiamo abituando a questo.

Ma una pianta non la metti in velocità 2x, devi aspettare per vederla crescere. Piantare un seme. Dargli acqua e luce. Ogni giorno.

Un obiettivo non lo raggiungi subito.

Devi avere pazienza, e costanza. E cadere, e continuare a crederci, e rialzarti. E aspettare, e provare ancora.
Un amore non lo ottieni subito. Devi costruirlo, giorno per giorno, con dedizione e impegno. Devi nutrirlo, devi proteggerlo.
Ciò che è lento mette radici profonde.

La vetta è lì di fronte.
Sulla cima ci puoi arrivare in funivia o a piedi, passo dopo passo.
La prima opzione è comoda e veloce.
La seconda è lenta e faticosa. Ma regala sorprese ad ogni passo, e colore, e sudore e soddisfazione, e respiro e meravigliati sensi.
Scegli il tuo tempo, e seguilo.

Domenica saremo insieme, cinque, sei ore,
troppo poche per parlare, abbastanza per tacere,
per tenerci per mano, per guardarci negli occhi.
[Franz Kafka]

E ma io me li ricordo quei tempi, perché lì ci son nato.
Non avevamo certo internet. Le informazioni te le dovevi cercare tra libri ed enciclopedie.
Non avevamo certo i cellulari. Alzavi le chiappe, ti vestivi e andavi a casa del tuo amico.
Non avevamo certo la playstation. Ascoltavamo musica, parlavamo, e tanto, giocavamo inventandoci mondi con biglie, figurine, costruzioni.
E no, mica te la cavavi con un cuoricino sulla storia Instagram di una tipa per conoscerla.
Dovevi incontrarla, fare in modo che accadesse.
La dovevi corteggiare, con tutte le difficoltà e gli imbarazzi del caso.
Che storie, ragazzi.
Ma non quelle che durano 24 ore su un profilo social.
Storie indelebili, impresse nella memoria.

È il tempo che hai perduto per la tua rosa
che ha reso la tua rosa così importante.
[Antoine de Saint-Exupéry]

Chi ti dona tempo, ti dona frammenti della clessidra del suo essere.
Chi ti dona tempo, ti dona una parte di sé.
Non il denaro, né gli oggetti.
Il tempo.
La più preziosa risorsa.
Chi ti dona il proprio tempo riempie le tue mani di granelli di dorata bellezza.
Non è scontato, né dovuto.
Che sia un genitore, il partner, un fratello, un amico, uno sconosciuto.
È un dono. Un dono prezioso.
Sorridi di gratitudine, dagli il valore che merita.

No, non abituarti.

Non abituarti mai al degrado, alla maleducazione, alla mancanza di rispetto.

Protesta, ribellati, difendi le cose in cui credi. Cambia strada, se necessario.

Non abituarti a un tramonto, a una parola gentile, al sorriso di un estraneo, al dolce suono della pioggia o al primo raggio di sole dopo un temporale.

Non permettere allo scorrere delle ore di renderti indiffcrente allo stupore.

Non abituarti al degrado, mai.

Non abituarti alle semplificazioni mortificanti della complessità umana, alla bassezza della maleducazione, al germe malevolo dell'ignoranza.

Lascia puri i tuoi occhi e il tuo sentire.

Ogni giorno è ciascun giorno.

Infinite meraviglie ti aspettano, non lasciartele sfuggire.

La tua vita è una e tante.

Una per meritare che tu dia valore al tuo tempo, e tempo a ciò che ti piace fare.

Tante perché tu possa lasciar andare, crederci ancora, cambiare strada, ricominciare.

Non aspettare di esser cieco per voler vedere.

Non aspettare di esser prigioniero per voler correre libero nei prati.

Non aspettare di aver perso qualcuno per volerlo al tuo fianco.

Non aspettate di esser moribondo per avere una gran voglia di vivere.

È meglio una caduta –poi guarisci- che il rimpianto inconsolabile del "troppo tardi".

Non abituarti mai.

Reagisci, protesta, cambia anche strada se quella percorsa non ti appartiene o non ti appartiene più.

"Fatti non foste per viver come bruti": siamo fatti per evolvere, seguire la nostra luce interiore, risplendere.

Se pensi che l'avventura sia pericolosa, prova la routine.
È letale.
[Paulo Coelho]

Cambia strada quando senti che la tua non ti appartiene.
Esplora, reinventati, cambia opinione e visione delle cose.
Abbiamo gambe e non radici, la nostra vita può essere una e tante.
La flessibilità è adattamento, e ciò che cambia forma non si spezza.

Osa,
che la vita è dono da far splendere,
che ogni attimo è istante irripetibile e prezioso,
che è concesso anche sbagliare,
commettere errori che diventano tasselli d'esperienza,
che è un dovere migliorarsi,
tracciare con le proprie dita il profilo del proprio sorriso,
che i rimpianti consumano l'anima,
che siam fatti per muovere passi, decidere, risplendere.

Potrà anche essere finito,
ma non è mai perso un tempo
che ti ha fatto sorridere e sognare.

Tra dieci anni voglio girarmi indietro e spingere il mio sguardo giù, fino a dove riesco ad arrivare, fino a questo me, qui ed ora, che lì e allora apparirà come un piccolissimo puntino indistinto.
Tra me e me, ci sarà un lungo sentiero.
E voglio che sia lastricato di volti, di iniziative, follie, errori, sorrisi, successi, cadute, smarrimenti, nuove rinascite.
Che ci sia un po' di tutto.
Vorrà dire che avrò vissuto.
Un magico e un po' caotico caleidoscopio di vita.
E nessun rimpianto.

Perché di tutto conserverò tre cose: la certezza dei rapporti veri e il calore dei momenti insieme, l'importanza di costruirsi uno scopo che dia senso ad ogni risveglio, e la necessità di non dar più niente per scontato.
In un attimo si può perdere tutto.
E allora, finché c'è, posso decidere di viverlo e goderlo a pieno.
Oggi sono, e questo è tutto ciò che serve.

Perché è scomparso il piacere della lentezza?
Dove mai sono finiti i perdigiorno di un tempo? [...]
Sono scomparsi insieme ai sentieri tra i campi,
insieme ai prati e alle radure, insieme alla natura?
Un proverbio ceco definisce il loro placido ozio con una
metafora: essi contemplano le finestre del buon Dio.
Chi contempla le finestre del buon Dio non si annoia;
è felice.
[Milan Kundera]

Che meraviglia chi ancora guarda il colore di un tramonto.

Chi conosce il nome dei venti.

Chi ti sorride quando incrocia il tuo sguardo.

Chi raccoglie un animale ferito e se ne prende cura.

Chi riconosce una costellazione.

Chi fa volare un aquilone.

Chi affonda i piedi nudi nella sabbia.

Chi si imbarazza.

Chi pianta semi e regala acqua ogni giorno.

Amo chi si dedica a un hobby, chi impara ogni volta qualcosa, chi cura un figlio, un genitore, uno sconosciuto con gesti d'amore.

Chi scrive un libro, chi tiene un diario.

Chi impara una lingua

Chi dipinge un quadro.

Chi scatta una foto e la stampa su carta.

Chi fa domande sulla tua vita e ti ascolta con interesse.

Chi ti guarda in silenzio, o ti abbraccia, o piange, e poi sorride di nuovo.

Chi si siede sull'uscio, e osserva con meravigliato stupore lo scorrere delle stagioni.

E non ha fretta, e aspetta.

Perché lì c'è luce, perché lì c'è ancora speranza.

Vivere è essere.
Qualcosa di altro dall'apparire.

Niente maschere, niente armature.
Chè le maschere creano finzione, e le armature partoriscono battaglie.
Incontrarsi davvero è prendersi un piccolo, meraviglioso rischio.
Persona a persona, anime nude.
Così come sei, sono, siamo.

Non tutto è come sembra, e ogni persona è molto di più di ciò che appare.
Ho visto quelli che sembravano guerrieri cedere al primo intoppo, e la flebile voce della più umana fragilità scalare altezze da far impallidire il più abile degli scalatori.
Nessuno può conoscere davvero le proprie risorse prima che la vita le tiri fuori ma una cosa è certa:
puoi molto di più di quanto tu credi.

Non ti ridurre alla schiavitù del voler apparire diversa.

Sii folle.
Sii vera.
Sii ciò che sei.
C'è una parte di mondo che s'incastra alla perfezione con i tuoi spigoli.
Ed è la parte che conta.

Clamo ad te

Se allevierò il dolore di una vita
o guarirò una pena
o aiuterò un pettirosso caduto
a rientrare nel nido
non avrò vissuto invano.
[Emily Dickinson]

Io sono un essere umano,
prima di essere un professionista.
Io sono con te,
momento per momento,
con tutto quel che sento e vivo.
Sono con te, sono come te,
col mio sorriso e le mie lacrime,
col mio coraggio e la mia fragilità,
prima che con quel che ho studiato sui libri.
La teoria è solo un faro,
ma è col sentire e l'esserci che navighiamo.
Insieme.

Io ci sono. Sono con te.
Essere umano prima che professionista.
E in due, si sa, ogni peso diventa più leggero.
E la paura, in due, fa un po' meno paura.

Cos'è che *cura* in una psicoterapia?

È una domanda che mi pongo costantemente nel mio lavoro.

Di sicuro l'apertura all'altro, trasparente, pura, priva di giudizio, determina un alleggerimento del peso di problematiche che spesso vengono vissute dentro di sé, e per questo si amplificano.

Il confronto di qualsiasi tematica permette di mettere fuori da sé dei contenuti e sottoporli all'emotività, alla visione, al sentire dell'altro.

Il termine psiche deriva dal greco *psyché* (ψυχή): spirito, anima.

La psicoterapia è, letteralmente una "terapia dell'anima".

E l'anima non la sfiori con freddi tecnicismi, con un linguaggio distante e medico che ha il solo effetto di allontanare le persone da sé stesse, facendole sentire sbagliate, malate, frammentate, pezzi rotti da aggiustare.

L'anima parla un linguaggio semplice ed essenziale.

E c'è un solo modo di sfiorarla: con un'altra anima.

Se il terapeuta non mette in gioco la sua parte spirituale più profonda, le sue emozioni, il suo essere prima persona e solo dopo professionista, tutto si riduce ad una didascalica e fredda consulenza.

Niente di "curativo".

Cura, dal latino arcaico *coira, coera*, che i grammatici riconducevano a *cor*, "cuore" ma che secondo le teorie più moderne è riconducibile alla radice del proto-indoeuropeo *kweys-*, "fare attenzione, guardare".

Il vero senso del curare è questo: guardare davvero, con attenzione, con soffio leggero.

Il terapeuta diventa co-testimone attivo del percorso di vita e di cambiamento del suo paziente. Gioisce con lui, soffre con lui, si emoziona, si rattrista, si stupisce.

È con lui, con tutta la sua parte umana ancor prima che professionale.

Al di là degli orientamenti teorici, delle tecniche terapeutiche, delle interpretazioni, c'è un aspetto fondamentale della cura che nessuna formazione può insegnare: esserci, nel qui ed ora, in quel tempo e luogo della relazione terapeutica.

La psico-terapia è delle persone e della loro anima, e alle persone e alla loro anima va riportata.

È un atto d'amore.

La prima cura, quando da piccoli ci ferivamo, era il bacio di nostra madre.

Poi cresciamo, e sono le ferite dell'anima a far male.

Ferite d'amore.

E se è Amore a ferire, allora sarà Amore a curare.

Abbi *cura* di te.

Perché se avrò
Regalato un sorriso
Se avrò permesso
Ad una lacrima
Di lasciar scorrere via il dolore,
se ti sarò stato accanto
in silenzio,
se avrò permesso
a quel tuo piccolo guerriero
di rialzarsi e combattere,
e crederci ancora,
se avrò concesso
a un desiderio nuovo
di nascere e fiorire,
se avrò aiutato a lasciar andare,
o nutrito ancora quello in cui credi,
allora avrò usato bene il mio tempo.
E questo giorno sarà un seme che si addormenterà
stanotte
e il nuovo giorno porterà con sé una luce nuova.
Una nuova stella
che si accende
nella galassia dell'Esistere.
È tempo di rinascere.

-Voglio essere felice, cosa posso prendere?
-Una decisione

Forse le spalle sono pesanti perché è tempo di lasciar andare quel carico.

Forse la testa fa male perché l'hai riempita di pensieri pesanti.

Forse lo stomaco duole per le parole che non hai ancora detto. O per le scelte rimandate.

Forse la tua stanchezza segnala la necessità di cambiare qualcosa.

Il tuo corpo parla, e il tuo corpo sa spesso trovare giuste soluzioni.

A te resta seguirlo, con un atto di coraggio.

Forse non hai bisogno di un farmaco, ma di scegliere e agire.

-Dottore, sto male, cosa posso prendere?
- Prima di prendere, si chieda se è invece il caso
di lasciar andare. Qualcosa o qualcuno.

Spesso la vera cura (dal latino antico *coera* : premura, interesse, attenzione) passa attraverso l'atto di una decisione.

Premura per te, per ciò che ti fa star bene, dire no a ciò che non ti appartiene o prova a spegnere la tua luce.

Lascia andare, prenditi cura.

Un atto d'amore, tutto per te.

"Mai Pen Rai".

È un'espressione thailandese, che esprime l'esortazione a smettere di preoccuparsi per qualcosa, a lasciar andare, a non permettere agli eventi di turbare a lungo la nostra stabilità emotiva.

Se un bambino inciampa, cadendo a terra, e comincia a piangere, la madre gli sussurrerà dolcemente "Mai Pen Rai", cercando di calmarlo, facendogli capire che è caduto ma che ora può anche rialzarsi e continuare a giocare.

Mai Pen Rai.

È l'invito a ristabilire il libero fluire degli eventi: cadere, rialzarsi, lasciar andare, ritrovare il sorriso, ricominciare.

Cosa merita le nostre energie?

Pensiamo agli equilibri cosmici. Ogni cosa, nel mondo, procede inesorabilmente nella direzione del cambiamento e dell'evoluzione.

E noi siamo parte del mondo.

Merita le nostre energie tutto ciò che è evolutivo, non le merita tutto ciò che è involutivo o mortifero.

Merita le nostre energie un figlio.

Merita le nostre energie un talento, una passione, un hobby.

Merita le nostre energie un viaggio, una nuova esperienza, una decisione importante, un cambiamento.

Merita le nostre energie un quadro da dipingere, i racconti –memoria storica e seme di chi siamo- dei nostri nonni, un corso per imparare qualcosa, la costruzione di un'idea, lo sforzo fisico per raggiungere una meta.

Non merita le nostre energie una storia finita, una relazione disfunzionale, ciò che ben sappiamo non avrà futuro.

Non merita le nostre energie la nostra vita passata, il senso di colpa, i treni che non abbiam preso, il rimpianto, chi ci maltratta, chi vuole uccidere i nostri sogni, il rancore, la rabbia.

"Voglio capire perché".
"Voglio una risposta".

Cercare una risposta a tante cose della vita è in sé una forzatura. Un'illusione del pensiero mossa dalla nostra esigenza di controllo.
Capire, per poi incastrare tutto al suo posto. Controllare, prevedere, com-prendere.
Una distorsione della ragione, voler ridurre in fattori quanto è in realtà assolutamente non incasellabile.
Un processo senza fine, e in sé fallimentare: ci pensa la vita poi a uscire fuori argini, ci pensano le deviazioni delle nostre infinite sfumature di esseri umani a sorprenderci, e piombiamo nella disperazione più nera.

"Non me lo sarei mai aspettato".
"Ma come è successo". "Come ho/hai potuto".

Tutto può, ciascuno può.
Forse è meglio porsi semplicemente in ascolto.
Scorrere con.
Sentire.
Senza forzature. Senza cercare risposte, senza cercare di incasellare e comprendere.
Semplicemente osservare, sentire, scorrere insieme.
Come il vento accarezza una foglia in autunno.
È con lei, la sostiene.
E quando è pronta si distacca dal ramo e plana dolcemente, con lo stesso vento, che non ha sussulti.
Non si chiede perché, è ancora con lei, e l'accompagna lieve alla terra.

Gli sembrava così bella, così seducente,
così diversa dalla gente comune, che non capiva
perché nessuno rimanesse frastornato come lui
al rumore ritmico dei suoi tacchi sul selciato della via, [...]
né impazzissero tutti d'amore al vento della sua treccia,
al volo delle sue mani, all'oro del suo ridere.
[Gabriel Garcia Marquez]

Ma tu davvero credi che una smagliatura, o quella ruga, o un chilo in più ti rendano meno bella?

Davvero credi che sia imprigionata nel corpo la magnifica sintonia di quel tuo risplendere?

Guarda che la tua bellezza è roba complessa, fatta del tuo muoverti, del tuo incespicare, dei tuoi passi nudi, di imbarazzati sorrisi, delle cose che dici, e di quelle in cui credi, di quando inciampi e ti rialzi fiera, di quando osservi il mare e in silenzio ti perdi in un tramonto, di quando fai le facce buffe, e sei bambina e poi Donna, di quando abbassi gli occhi per imbarazzo, e poi li rialzi e guardi.

E in quell'istante, che ferma il tempo, tu risplendi di te.

Ed è brivido, ed è tremore.

Non confinarti in uno standard.

La tua bellezza, unica, è senza confini.

Tutti abbiamo luce e oscurità dentro di noi.
Ciò che conta è la parte su cui scegliamo di agire.
Ecco chi siamo veramente.
[Harry Potter e la pietra filosofale]

Sì, ho un'ombra anch'io.
Perché sono fatto di carne, pensieri e sensi.
Ho un'ombra anch'io perché sono Persona. Esisto.
Ama la mia ombra, è parte del mio essere vero.
O finirai con l'amare un'immagine, non me.
Una foto stampata sulla carta dei tuoi desideri.
Qualcosa di tuo, un prodotto delle tue aspettative.
Bellissima e immobile.
Ma non sono io.

Perché io ho un valore.
E allora non permetterò ai tuoi sguardi taglienti, alle tue parole pesanti, ai tuoi gesti violenti di disprezzarmi.
Perché io ho un valore.
E allora non permetterò a quel che hai fatto o non fatto, al tuo andar via, alla meschinità dei tuoi gesti di disprezzarmi.
Perché io ho un valore.
E allora non permetterò al ricordo di una storia di togliermi il sorriso, a ciò che è stato ieri di rovinare il mio adesso, all'amore mancato di farmi mancare l'amore.
Perché io ho un valore.
Ed è mio dovere scoprirlo, difenderlo, custodirlo.
Con ogni mia forza e risorsa.
Oggi. E ogni giorno della mia vita.

È l'irregolarità delle vette a rendere
affascinanti e imponenti le montagne.
Se la mano dell'uomo riuscisse a dare
la medesima forma a quei picchi,
essi non ispirerebbero considerazione e rispetto.
Ad ammaliarci e ad attrarci è proprio
ciò che appare imperfetto.
[Paulo Coelho]

Mi libero dall'idea di essere perfetto.

Luci ed ombre accarezzano il mondo, ed io del mondo faccio parte.

Mi libero dall'obbligo di piacere a tutti.

Essere, strutturarsi, è per definizione un atto di selezione.

Piacerò a chi è per me, del resto non m'importa.

Mi libero dalle aspettative altrui.

Io non sono per qualcuno, ma per esprimere e sviluppare me stesso.

Piaccia o meno, ma che piaccia a me.

Sono io a dover vivere con l'abito del mio Essere, e lo cucirò in modo che mi stia comodo.

Mi libero del dover dire sempre la cosa giusta.

Ci sono silenzi preziosi, e parole perfette nella loro imperfezione.

Eccomi, io sono.

Luci ed ombre, morbidezza e spigoli, la straordinaria normalità di un essere umano.

Forse sono proprio le nostre imperfezioni
a renderci perfetti l'uno per l'altro.
[Jane Austen]

Benedico la mia imperfezione, porta d'accesso ad ogni mia spinta.
Accolgo i miei spigoli, superfici di preziosi incontri con gli angoli altrui. Ciò che è tondo si sfiora e non s'incastra.
Benedico le mie parti in ombra, le mie inquietudini.
Movimento continuo, fonte preziosa di creatività, spinta al cambiamento.
Benedico le insoddisfazioni, benedico le mancanze, ciò che non avrò o non ottengo ancora. Sono spinta al fare, impegno quotidiano, direzione e senso dei miei risvegli.
Benedico ogni tempesta, nutrimento dei miei terreni.
Non cresce più l'erba, lì dove splende sempre il sole.

Tutto andrà bene alla fine.
Se non va bene, allora non è la fine.
[John Lennon]

Nonostante mi abbiano ferito, io mi prenderò cura di ogni mio dolore.

Nonostante quell'amore finito, io riempirò il mio cuore di bellezza, e lo sentirò battere emozionato.

Nonostante i fallimenti, io continuerò a provarci. Perché ci credo, perché per me è importante.

Nonostante i rifiuti, e le parole ostili, io continuerò a prendermi cura del mio valore.

Nonostante tutto finisca, io continuerò a iniziare, sempre.

Quanta bellezza in chi porta con sé i suoi *nonostante*, e nonostante questo va avanti, e sorride, e aspetta una nuova alba.

Ho chiesto di te agli amici.
Parole, tante parole.
Che scivolano come gocce di pioggia
sui vetri delle mie domande.
Ho chiesto di te alle onde del mare.
Indifferenti, continuano ad infrangersi lente sulla
battigia.
Ho chiesto di te ad un tramonto.
Mi osserva, silenzioso,
fino a perdersi come ogni sera nel mare.
E allora ho smesso di chiedere,
e ho iniziato a parlare di me.
E gli amici mi hanno abbracciato,
le onde si sono placate al suono della mia voce,
e il tramonto brillava di un colore nuovo.

Io non sono qui per star dietro ai tuoi bisogni, non sei mio figlio.

Io non sono qui per rispondere alle tue aspettative, quella è roba tua e non mi appartiene.

Io non sono qui per controllarti, pretenderti o indirizzarti, ci si incontra davvero solo nello spontaneo movimento delle anime.

Io non devo pretenderti nella mia vita, né pretendermi nella tua.

Non devo inseguirti.

Io sono qui per essere me.

Così, naturalmente, senza sforzi.

E se saprai accoglierlo e rispettarlo, e se saprò fare lo stesso con te, allora sarà magia di un vero incontro.

Essere, che diventa esserci.

Ci si incontra stando di fronte, non dietro.

Ci incontreremo come un tramonto, così, naturalmente, quando il sole bacia il mare senza con-fondersi, o non ci incontreremo affatto.

L'ora del Te.

E allora tu svegliati, e resta un po' nel letto, avvolta dalle coperte ad accarezzare i tuoi sogni.

Non c'è alcuna fretta, non oggi.

Oggi puoi essere te per te stessa. Nessuna corsa, nessun impegno.

È solo il tuo tempo.

E allora tu alzati, e poi fa colazione. Lentamente, mentre guardi la luce del mattino farsi strada dalla finestra agli spazi in cui vivi.

La tua casa oggi non è quel luogo distratto in cui tornare la sera, per addormentare gli affanni dei tuoi giorni.

Ora la tua casa è tana, è nido, è coperta che si riempie degli odori e dei sapori del tuo tempo.

Metti ordine tra le tue cose, appendi alle pareti quel quadro in cantina, butta via quanto ormai non ti appartiene e ti àncora a un passato già lontano. Niente zavorre, parti leggera verso il centro di ciò che vuoi essere.

Che sia un nuovo giorno di una nuova te.

Prendi un libro, quello lì in attesa da tempo. Scrivi. Un pensiero, una frase, un ricordo. Un desiderio. Ci sarà un tempo in cui potrai rileggerlo, e permettere ai tuoi passi di accompagnarti verso un nuovo sorriso.

Guarda un film, sogna, non smettere di farlo.

Fa l'amore, con gli occhi e col corpo.

Sorridi, e indossa il tuo abito più bello. Nessuno te l'ha chiesto, è solo perché tu vuoi farlo.

Raccontati. Che sia al tuo partner, ai tuoi genitori, ai tuoi figli. Prendi gli album delle vecchie foto, e ricordati chi eri.

Ascolta, sorridi, scherza.

Chiedi a tua mamma dei suoi giochi da bambina.

Respira, massaggia il tuo corpo, fai attività fisica. Poi fa un bagno caldo, alla luce di una candela e del tuo respiro lento tra la schiuma. E poi sul divano, con le gambe incrociate e una tazza di tè fumante.

E tutti i tuoi pensieri, ora caldi, a lasciar scorrere negli occhi la bellezza di un tempo ritrovato.

Non è la fine del mondo questo tuo tempo, mia cara. È il segno di un nuovo tempo che comincia dall'interno, come ogni vera rivoluzione.

Ritrovarsi, per Essere.

Chiudersi per aprirsi.

Lasciar andare, per abbracciare.

Il tempo nuovo di un nuovo tempo che comincia da te, dal tuo respiro, dai tuoi gesti lenti, da ciò che conta davvero.

Per ricominciare.

Oggi sei tu, per te.

E tutto il resto può attendere.

Chiudi gli occhi.

Immagina di perdere tutto.
Tutto, proprio tutto.
Non hai più niente.

Immagina.
Prova a sentire quel silenzio, il tuo stato d'animo, le tue emozioni.

Immagina che in quel desolante e disperato vuoto decidano di farti un regalo.

Poter riavere 5 cose o persone tra tutte quelle che hai perso.

Ecco. Riapri gli occhi.
Ora guardati intorno.

E se quelle 5 cose o persone sono lì con te, allora guardale meglio.

Sentile.
Vivile.
Apprezzale.

Perché niente è scontato, ed ogni cosa è un dono.

Dagli valore.

L'errore più grande
Che abbiam commesso
È stato pensare
Che fosse per sempre.
L'avessimo saputo
che le ali della vita
non amano star ferme
l'avremmo gustato
più a fondo
con lentezza
l'avremmo guardato
un po' più a lungo
con l'amore degli occhi
e le fossette alle guance.
Avremmo accolto
la bellezza di quando cambia
senza scalciare
senza rabbia o rancori
accarezzando piano
il silenzio
di germogli nuovi
inediti scenari
incontaminati spazi
da vivere insieme.

Lascio andare,
e ti ri-trovo ancora.

A te
Che qui non sei
e continui ad esserci.
Quando il vuoto
ha la forma
di una mia espressione
di un tuo modo di dire
e di tutti quei frammenti
che sussurrano il tuo nome.
E tu sei qui, in me.
Mi manchi e sorrido.
Sei l'assenza
che diventa presenza.

Importante.

Etimologicamente deriva dal latino: "portare dentro".
E quindi non il denaro, né gli oggetti, non gli impegni o l'immagine, né il parere altrui.

Abbandona l'aspettativa – che spesso diventa pretesa – di dover essere capito.
O potresti trascorrere l'intera esistenza a scalciare e arrabbiarti per un riconoscimento che potrebbe non arrivare mai.
Tu sei libero di esprimerti, l'altro è libero di non capirti.
Non sei al mondo per l'altrui appoggio o comprensione.
Sei al mondo per esprimere te stesso, per evolvere, per diventare ciò che tu sei.

Importante è il tuo benessere, il tuo equilibrio, le tue emozioni e il tuo respiro, il tuo battito e i tuoi desideri.

Rilassati, non sei perfetto.
Rilassati, non puoi gestire tutto.
Rilassati, non tutto dipende da te.
Rilassati, non tutto è così importante.
Rilassati, non devi dimostrare chi sei, devi semplicemente esserlo.
Te stesso, e va bene così.

"Eternal sunshine of the spotless mind"
-L'infinita Letizia della mente candida
[A.Pope]

La natura fa tutto secondo criteri di assoluta economicità. Una fonte d'acqua sotterranea trova il modo di scorrere e trasformarsi in ruscello, cascata, fiume, fino al mare. Non teme il cambiamento e ogni curva, ogni deviazione, ogni salto non è casuale: è la strada –quella migliore- per arrivare dove deve.

C'è invece, nelle vicende umane, una paradossale tendenza alla complessità: paure smisurate, tentennamenti, blocchi legati ai ruoli, alle convenzioni sociali, alle aspettative altrui, ad una sopravvalutazione del passato e dei suoi residui o del futuro e delle sue conseguenze, spesso a discapito di un presente schiacciato e mortificato dalla paralisi di ogni azione.

E così, rendiamo la nostra via non la più semplice, ma la più tortuosa e labirintica. Tante cose, spogliati dei residuati psichici che ci portiamo dietro, sarebbero più semplici e spontanee.

Forse dovremmo riscoprire la naturale grazia della semplicità.

La bellezza di un gesto, il calore di un abbraccio, lo stupore di un candido meravigliarsi in questa splendida avventura dell'Esistere.

Senza passato né futuro. Fluidi, come l'acqua. Oggi, in tutta la nostra piena bellezza.

Prendi il cielo con le mani,
vola più in alto degli aeroplani.
Non fermarti.
[Lucio Dalla]

Ho preso tutti i miei dubbi, e tutte quelle domande che non avrebbero trovato risposta, e li ho affidati al vento.
Li ho visti volteggiare leggeri, come petali esistenziali, e ho capito che le mie preoccupazioni non determinano direzioni: le cose vanno, al di là di tutto, esattamente lì dove vogliono andare.
E allora ho fermato i pensieri.
Ho tirato su un bel respiro, ho sorriso, e mi son lasciato andare, con fiducia, a questo melodioso fluire dell'esistere.

Non arrenderti mai,
perché, quando pensi che sia tutto finito,
è il momento in cui tutto ha inizio.
[Jim Morrison]

Non cedere, non ora.

Rallenta pure se vuoi, ma non lasciarti cadere. E, se cadi, tira un bel respiro e rialzati. E poi, passo dopo passo, prosegui.

Il valico è sempre un palmo al di là del culmine della fatica.

Sei quasi in vetta. Potrai sederti, lassù, e goderti il meraviglioso panorama.

È aria fresca, pulita.

È vita nuova che ti aspetta al di là della fatica di quanto è stato.

La fatica è parte dell'ascesa, e ci si gode sempre ciò che si è guadagnato.

La bellezza è vento,
è soffio di un istante.
Non si fa catturare,
ma solo respirare.

Ti sei mai fermato, incantato, ad osservare il volo di una farfalla?
E poi, se hai cercato di afferrarla, quella magia è svanita in un soffio.
La felicità è così: è un'esperienza, non una meta da raggiungere. Non la sperimenti cercandola ma vivendo, con occhi meravigliati e vivi.
La felicità è come vento, è soffio di un istante. Non si fa catturare, ma solo respirare.

La bellezza è ovunque, ma se stai fermo la perdi.
Hai le tue gambe per muoverti, i tuoi occhi per guardare, il tuo cuore per emozionarti ancora.

Quando hai solo due centesimi,
acquista una pagnotta di pane con uno,
e un giglio con l'altro.
[Proverbio cinese]

Chi non demorde,
chi guarda in faccia i suoi mostri e se li fa amici,
chi mette a sedere le sue paure e continua a camminare,
chi dopo lo scasso s'aggiusta invece di maledire il
mondo,
chi cerca forme alle nubi,
chi scrive a mano un messaggio,
chi pianta semi,
chi insegna qualcosa,
chi ripara cose,
chi s'immerge con fiducia nelle acque di un fiume e
dell'esistere.

La Bellezza è ovunque.
E, se impari a vederla,
essa ti accarezza e consola.
Non ti lascia mai solo.
È mano amica, carezza sul cuore.

Quando la tua anima è pronta,
lo sono anche le cose.
[William Shakespeare]

Quanta luce in chi ricomincia.

Come pianta piegata dall'inverno che si rialza al cielo, e rifiorisce.

Prezioso chi si concede una nuova occasione, chi tra i cocci ritrova la forza del proprio respiro.

Chi si rende conto di avere una sola vita, e per questo se ne crea un'altra, e un'altra ancora.

Non guardare tutto il percorso, muovi il primo passo.

Non guardare tutta la scala, sali il primo gradino.

Non guardare tutta l'opera, muovi la prima pietra.

C'è una differenza abissale tra il pensare le cose e farle.

La luce richiama luce, l'iniziativa spalanca possibilità.

Pensaci, la prossima volta che penserai di non potercela fare.

Siamo nati liberi.

Trecentosessanta gradi di possibilità.

Poi, fattori ambientali ed educazione familiare ci strutturano in una forma costituita. "Carattere", lo chiamiamo. Talvolta lo ostentiamo, o lo gridiamo con sottile arroganza ("Sono fatto così!").

Non ci accorgiamo però che quella forma, che tanto ci rassicura e con la quale amiamo definirci, finisce alla lunga anche con l'ingabbiarci in ruoli che risultano poi stretti.

Essere quella forte.

Essere quello timido.

Essere la femme fatale.

Essere l'alternativo.

Essere quello "tutto d'in pezzo".

La verità è che nessuno è solo in un modo.

E che ogni volta che dici di "essere fatto così" stai svalutando qualcosa: te stesso, e la tua possibilità di scoprirti anche diverso.

E allora sperimentiamo pure.

Riappropriamoci di quelle parti in ombra che ancora ci appartengono.

Sarà scoperta, sarà stupore, sarà energia nuova per i nostri giorni.

"Sono fatto così come vorrò essere oggi".

Libero, così come sono nato.

A ogni essere umano è stata donata una grande virtù:
la capacità di scegliere.
Chi non la utilizza, la trasforma in maledizione –
e altri sceglieranno per lui.
[Paulo Coelho]

La libertà assoluta e indiscriminata non ha alcun significato.

"Tutto" finisce con essere "niente".

Saper scegliere è ciò che rende un uomo davvero libero.

Che sia una passione, una relazione, un lavoro, un progetto.

La restrizione della gamma delle possibilità è la vera libertà: scegliere a cosa dedicarsi, vederlo crescere, soffrire e gioire per una causa, per ciò che si ritiene importante permette di sperimentare livelli impensati di profondità e soddisfazione.

Ogni scelta presuppone una rinuncia.

Per ottenere, bisogna lasciar andare qualcosa o qualcuno.

È la legge della vita: non si può avere tutto.

Che a voler tenere tutto in equilibrio tra le mani si rischia di ritrovarsi a terra tra cumuli di cocci in frantumi.

Quando volgi le spalle al sole
non vedi che la tua ombra
[Kahlil Gibran]

Gli equilibri cosmici non rispondono ai concetti umani di giusto e sbagliato, di bello o brutto.

Ricordatene, quando la tua visione si chiude e ciò che vedi è soltanto il tuo problema.

Ricordatene, quando non sei disposto ad accettare qualcosa che ti provoca sofferenza.

Ci sono vite che ora sono perché qualcuno è deceduto.

Ci cono relazioni che ora fioriscono perché qualcuna si è spezzata.

Ci sono eventi di gioia che accadono perché c'è stato dolore, ci sono incontri che avvengono perché c'è stata sofferenza.

L'esistenza ha un disegno molto più ampio di una visione chiusa, ed è nostro dovere allargarlo.

La pioggia è una seccatura, ma permette nutrimento e crescita. Un'ape può pungerti ma permette la fioritura di una nuova primavera. Così può essere un licenziamento, un evento avverso, un momento difficile.

Non sei tutto, ma parte di un tutto.

Il respiro del mondo è ampio.

Ritrovalo, e smetterai di essere così in affanno.

Quando ho cessato di essere chi ero, ho ritrovato me stesso.
Quando ho conosciuto l'umiliazione
ma ho continuato a camminare,
ho capito che ero libero di scegliere il mio destino.
[Paulo Coehlo]

Il punto non è che sei caduta, ma è rialzarti.

Il punto non è che sei arrabbiata, ma perdonare.

Il punto non è che ti sei perduta, ma è ritrovarti.

Il punto non è una storia finita male, ma è non permetterle di toglierti quei tuoi bei sogni.

Il punto non è che hai pianto, ma di asciugare gli occhi e tornare a sorridere.

Il punto non è che hai commesso un errore, ma è permettergli di insegnarti qualcosa, per far sì che siano errori diversi.

Sbaglierai, ma sbaglierai meglio.

Homine

"Conosci te stesso" è stato scritto sopra il portale del mondo
antico. *Sopra il portale del nuovo mondo c'è scritto:*
"Sii te stesso".
[Anonimo]

Se c'è un inferno è questo:
diventare estranei a se stessi per soddisfare le aspettative
altrui.
Essere come vuole l'altro, senza più riconoscersi.
È meglio essere in conflitto con gli altri che essere in
conflitto dentro di sé.

Io sono
Tu sei
Egli è.

L'abbiamo imparato alle elementari, e spesso crescendo
lo dimentichiamo.

Ho bisogno di essere io, prima di tutto, poi verrà il resto.

Attendere.

A-tendere. Tendere verso.
È energia, è fermento, è movimento e risveglio.
Non avere fretta, più della meta goditi i paesaggi del viaggio, e fa in modo di avere sempre qualcosa da a-tendere e desiderare.

Te stesso,
così come ognuno nell'intero universo,
merita il tuo amore e il tuo affetto.
[Buddha]

Tu non sei un numero.
Tu non sei i tuoi pensieri tristi,
tu non sei la tua angoscia,
non sei la tua rabbia, né le tue urla, né un errore che puoi
aver commesso.
Non sei i tuoi inciampi, le tue cadute, le tue ore di
sconforto.
Non sei le tue notti insonni, né un amore finito, né un
tradimento o una delusione.

Tu sei una persona.
Unica, irripetibile.
Sei la luce che irradia i tuoi occhi dopo una notte agitata,
sei la spinta che ti muove dal letto, sei la tua colazione
lenta.
Sei i sogni del tuo mattino, sei il desiderio di rinascita,
sei la spinta ad intraprendere una nuova esperienza, sei
la telefonata per incontrare una persona cara, sei il tuo
respiro nella natura, sei l'irrefrenabile forza che ci crede,
che si rialza, e che ci prova ancora, e ancora.

Ci sono cose che son fatte per esprimersi.
Per uscire fuori dalla rete dei tuoi pensieri.
Per respirare, nutrirsi, confrontarsi, crescere.
Per nascere, vivere e morire.
Voci, parole, idee, progetti, desideri.
Se le tieni dentro appassiscono,
e nel loro deserto finisce una parte di te.

Chi conosce gli altri è sapiente;
chi conosce se stesso è illuminato.
[Lao Tzu]

Non spetta a te reggere gli equilibri cosmici.
Non spetta a te cercare di cambiare gli altri.
Non spetta a te aiutare chi non vuole essere aiutato.
Non spettano a te i nodi degli altri,
non spetta a te capire perché non ti ama,
non spettano a te modi e tempi della vita altrui.
Non spetta a te la rabbia degli altri,
non spetta a te la maleducazione, le offese, le recriminazioni.

Spetta a te il tuo equilibrio,
spetta a te l'impegno al tuo miglioramento,
spetta a te aiutarti e imparare a chiedere l'aiuto altrui.
Spetta a te sciogliere i tuoi nodi,
spetta a te chiarire le tue emozioni,
spetta a te costruire, giorno per giorno, la vita che desideri.
Spetta a te lasciar andare la rabbia, e perdonare, ed essere gentile, con te prima che con gli altri, e contribuire ogni giorno, con la tua Luce, alla primavera del mondo.

E nel silenzio delle macerie,
di mille emozioni che urlano
senza nome
quando le mani scivolano
da ogni appiglio
e nessun rumore intorno
né voci a chiamarmi
né mani tese.
È nel suono incessante del mio battito
tra le pieghe del mio respiro,
che una luce si accende:
Io mi salverò.

Quando tutto sembra lasciarmi andare,
io ho deciso di prendermi.

Ciao, bambino interiore,
io sono la babysitter interiore.
[Terry Pratchett]

Ho abbracciato il mio me bambino, gli ho detto di non preoccuparsi.

Le sue lacrime erano paure di non essere visto. Il suo modo, così piccolo, di urlare al mondo il suo esserci.

E allora ho fatto una cosa.

L'ho tenuto in me.

L'ho nutrito, con sorriso, amore e leggerezza.

Gli ho dato voce.

La mia, da adulto, così diversa dalla sua.

Eppure è lì, ed io posso sentirlo e prenderlo per mano ogni volta.

E ce ne andiamo per mano alla scoperta di questa vita.

Non ha più paura, sorride.

E mi regala entusiasmo, e leggerezza, e la meraviglia di ogni istante in questo pazzesco e incantevole gioco che è la vita.

Non mi ha mai detto come vivere;
ha vissuto,
e mi ha lasciato guardare mentre lo faceva.
[Clarence Budington Kelland]

Non sottovalutare la potenza comunicativa e formativa di ciò che fai, può essere molto più determinante di ciò che dici.

Che tu sia una mamma, un padre, un insegnante, un personaggio politico o pubblico, tu devi essere l'incarnazione vivente di ciò che predichi o insegni ai tuoi figli o agli altri.

Perché donne autonome cresceranno figli autonomi, e persone vere incarneranno in sé un valore che diventa esempio per tanti altri.

Facile è entrare in conflitto tra ciò che ritieni sia "il giusto comportamento" e ciò che fai nella quotidianità del tuo essere al mondo.

E qui nasce un conflitto, prima per te, poi per gli altri.

Da un punto di vista educativo, nasce l'ambiguità di un doppio messaggio: ciò che comunichi con le parole, e ciò che sei col tuo modo di essere.

Non devi essere perfetta, o educherai con l'idea del non potersi permettere di sbagliare. Meglio un'imperfetta verità che una perfetta immagine: quest'ultima è destinata inevitabilmente a sfaldarsi col confronto col reale.

Abbi il coraggio di essere te stessa, risplendi dei chiaroscuri del tuo essere. La verità ha sempre luci ed ombre, ed ha più facce, come ogni figura solida che esiste in tre dimensioni: tutto il resto è pura immagine, e quella va bene per i manifesti pubblicitari. Belli, ma immobili e non reali.

La verità è coraggio.
Come diceva Gandhi, sii il cambiamento che vuoi vedere nel mondo.
Un mondo vero, di luci ed ombre, di verità e bellezza.

I padri, miracoli dell'esistenza.
Chi ha il coraggio di imparare l'amore,
senza partorirlo.

Mio padre mi ha viziato e insegnato.
C'è stato, nei modi in cui ha potuto.
Presenza silenziosa, ma presenza.
Preoccupato, spesso ansioso dei miei passi infantili.
L'ho chiamato dopo incidenti, guasti alla macchina, le prime ruote bucate.
E lui, lui è sempre venuto.
Mi ha permesso di studiare, quando non lavoravo, pagando le rate universitarie.
Mi ha aiutato a sostenere le enormi spese per la scuola di specializzazione.
Si è alzato all'alba per accompagnarmi in stazione o all'aeroporto.
Ha tradito la sua emozione silenziosa con lievi parole, sorrisi, timidi abbracci per la mia crescita professionale.
Distante, ma vicino.
Mio padre è un commerciante.
Si alza de che ricordi la mattina presto, va al lavoro, torna per pranzo, torna al lavoro, rientra la sera.
Lo fa dal lunedì al sabato, incluso.
La sera guardiamo un film, la domenica la partita. Sul divano, il silenzio rotto da qualche commento e dalle urla di gioia per un goal.
Una vita semplice, una vita trascorsa lavorando duramente ogni giorno, per permettere a me e ai miei fratelli di avere una vita diversa, di avere di più, di fare più cose.
L'ho visto andare al lavoro sempre, anche stanco o con la febbre.

Mio padre è un eroe, di quelli veri, che nessuno conosce perché non risaltano sulle vetrine dei social o per le loro gesta eclatanti.
Mio padre è eclatante nella straordinaria ordinarietà del suo quotidiano impegno.
Mio padre mi ha insegnato che solo l'impegno quotidiano ripaga. Che le soddisfazioni arrivano lente, che si può essere grandi donando, aiutando, permettendo agli altri di Essere e Divenire.
Mio padre mi ha viziato e insegnato.

Dal profondo del cuore, grazie mio eroe.

"Sono come tu mi vuoi".

L'effetto Pigmalione, o effetto Rosenthal, dal nome dello psicologo tedesco che per primo definì questo fenomeno, è una forma di suggestione psicologica per cui le persone tendono a conformarsi all'immagine che altri individui hanno di loro, sia che si tratti di un'immagine positiva che negativa.

Rosenthal e la sua equipe sottoposero alcuni bambini di una scuola elementare a un test d'intelligenza.

Dopo il test, in modo casuale, vennero selezionati alcuni bambini ai cui insegnanti fu fatto credere che avessero un'intelligenza sopra la media.

La suggestione fu tale che, quando l'anno successivo Rosenthal di recò presso la scuola elementare, dovette constatare che, in effetti, il rendimento dei bambini selezionati era molto migliorato e questo solo perché gli insegnanti li avevano influenzati positivamente con il loro atteggiamento, inconsapevoli del fatto che fosse tutto legato alla suggestione.

L'effetto Pigmalione può attivarsi anche nei rapporti tra dipendenti e datori di lavoro o in tutti quei casi in cui si sviluppino rapporti sociali.

Ogni individuo riesce a essere trattato e considerato così come si aspetta che gli altri lo facciano.

Si tratta di un fenomeno inconsapevole, eppure molto potente.

Forse è il caso di fermarsi un po' a rifletterci, prima di svalutare qualcuno. Pensiamo al partner, agli amici, ai figli, a tutte le persone con le quali entriamo in contatto.

La fiducia richiama fiducia, la forza richiama forza, la bellezza richiama bellezza.

Leggi bene.
Sul cervello c'è scritto USA,
ma nel tuo cuore c'è scritto OSA.

Che c'è bisogno di sogno,
e poesia,
e piedi scalzi sul mondo,
e di musica e danza,
di sorrisi e scambi,
di atti di gentilezza,
di incontri inattesi,
di germogli di desideri,
di scintille d'amore.
Chè troppo terreno soffoca,
abbiam bisogno di ammirare le stelle.

Lentamente, mia cara, non aver fretta.

Ci son fiori che accadono quando Primavera è ormai pronta ad accoglierli.

Ci son fiumi che scorrono quando il ghiaccio dissolve in lacrime il primo cielo di Maggio.

Ci son stelle che splendono quando altrove qualcosa è ormai spento.

Lentamente sei nata, lentamente hai regalato un sorriso, e prontamente Amore tornerà ad illuminare il tuo viso.

Tutto accade al suo tempo.

E lentamente,

Amore accade improvviso.

Ti immaginai,
illuminata da un sorriso.
E ad accendersi fu anche il mio cuore.
Non ero lì, con te.
E nessun frammento d'amore
mi apparve mai più vero.

Non dirmi niente,
non tu,
che di parole è pieno il mondo.
Non fare nulla,
non tu,
che tutto corre senza sosta.
Non far domande,
non tu,
che di richieste l'aria è piena.
Piuttosto guardami
E in silenzio
Respirami
e
senza far niente
troverai ogni risposta.

Siamo Vivi,
nella comica tragedia
del leggerissimo peso dell'esistere.
Ridere o piangere,
questo è il problema.

Mi assolvo dagli errori che ho commesso.

Mi assolvo per le mie mancanze, per quando sono stato disattento, per quando non ho reagito come avrei voluto.

Mi assolvo per le parole che non ho detto, per quelle scagliate violente come pugnali, per i "no" che non ho pronunciato.

Mi assolvo per le volte in cui non ce l'ho fatta, per le volte in cui ho rinunciato, per le volte in cui ho cambiato strada.

Mi assolvo per il mio ieri, mi assolvo per il tempo che ho lasciato andare, per i treni che non ho preso, per le volte in cui ho deluso le aspettative.

Mi assolvo.

E che nessuno si erga a giudice, con le mani color fango.

Perché io mi assolvo, e con gli occhi limpidi e il cuore di dolore privo, vado per la mia strada, respiro e vivo.

Nello spazio tra un sì ed un no, c'è tutta una vita.
È la differenza tra il sentiero che percorri
e quello che ti lasci alle spalle;
è la discrepanza tra chi credevi di poter essere e chi sei:
è il posto vuoto per le bugie che ti racconterai in futuro.
[Jodi Picoult]

Mia nonna aveva una madre molto severa, alla quale dava del Voi. Le faceva svolgere i lavori domestici, e non le permetteva mai di uscire di casa.
Un giorno le permise di uscire a fare la spesa, perché era passata a trovarla la cugina di mia nonna, sua nipote.
Non essendo sola ad andare in giro, sua madre quel giorno disse di sì a quella piccola grande concessione.
Quel giorno, mia nonna conobbe mio nonno.
Lui l'avrebbe corteggiata, si sarebbero poi fidanzati e infine sposati.
La mia esistenza, questo libro, il mio lavoro e le innumerevoli interazioni tra il mio essere al mondo e gli altri, sono legati a quel "sì", di quel distratto giorno qualunque.
Roba da impazzirci.
"Sì" o "No".
Due parole minuscole, due sole lettere.
Due parole dal significato enorme, dalla straordinaria potenza determinante.
Nel flusso di miliardi di storie possibili, e di possibili futuri, "sì" o "no" rappresentano la discriminante di scelta, l'interscambio tra gli innumerevoli binari del possibile.
Determinare la propria storia è legato al potere di queste due piccole parole.
Dicendo sì a qualcosa, creo una strada.

Dicendo no, creo una strada interrompendone un'altra.
No a ciò che non mi rappresenta, no ai rimpianti del passato, no a ciò che non è stato.
I percorsi non tracciati sono sentieri verso l'ignoto che potrebbero portare al mio non esserci, o non esserci più.
Sì al respiro del mio essere, sì al miracolo di quest'oggi, risultato unico e rarissimo di tutto ciò che non è stato.
Il mio esserci, qui e adesso.
È tutto ciò che ho, e tutto ciò che mi serve per iniziare a scegliere, ancora e ancora.

Deludere.

Dal latino "de" e "ludere": uscire dal gioco, sgusciare via dal ludico inganno.

Benedico la mia delusione, atto di rottura e rinascita.
Benedico te che mi hai deluso, liberandomi l'anima a nuova vita.

Quel che sono lo devo a me.
Quel che sento è roba mia, così come mia è ogni scelta di azione, di immobilità o di cambiamento.
Proclamo il mio non essere vittima di niente e nessuno, svaluterei il mio potere.
Mi prendo la piena responsabilità del mio essere.
Cambiar strada non è offesa né colpa, solo rispetto del mio sentire.

Vaffanculo a chi non ti accetta così come sei,
vaffanculo alla paura,
vaffanculo al desiderio di piacere a tutti.
Vaffanculo a chi giudica,
a chi mette i voti,
a chi considera il tuo valore sulla base di ciò che
possiedi.
Vaffanculo a chi non guarda oltre.
Vaffanculo all'ipocrisia, alle false apparenze, a chi vuole
controllarti, alle manipolazioni emotive.
Vaffanculo a chi ti guarda dall'alto, a chi ti manca di
rispetto, a chi fa di tutto per uccidere i tuoi sogni.

Benvenuto a ciò che sono,
benvenuto al mio coraggio,
benvenute affinità elettive.
Benvenuto a te che provi a conoscermi,
a te che guardi oltre, a te che parli alla mia anima e non
al mio ruolo.
Benvenuta verità dell'Essere, benvenuto al rispetto per
chi sono e per chi sei, benvenuto a te che sei mio pari,
seppur diverso, e mi vedi davvero, e accarezzi i miei
sogni per farli brillare, con me, ancora e sempre.

Ti insegneranno a non splendere.
E tu splendi invece.
[Pier Paolo Pasolini]

Non scendere a compromessi con la tua luce.
È fatta per splendere e non per occultarsi.
Non scendere a patti con la svalutazione.
Il tuo valore non è contrattabile.
Scappa via da chi non ti apprezza,
allontanati da chi non ti vuole per quel che sei.
Chi ti vuole diversa vuole un'immagine della sua mente,
chi ti vuole a metà non vuole te.
Non essere divisibile, scomponibile, manipolabile.
Sii ciò che sei.
Tu hai diritto a un amore completo, che ti accetti nelle
tue luci ed ombre.
Non accontentarti di niente che sia meno della piena
espressione del tuo Essere.
Sei fatta per risplendere.
Brilla.

E resta nel corpo.
O, dolcemente, tornaci.
Piedi ben saldi alla terra, respiro profondo.
Chè troppa testa e troppi pensieri avvelenano l'anima, e
quando il corpo è ormai stanco di fare l'ancella della
mente trova modi per farsi sentire.
E non sono sempre piacevoli.
C'è bisogno anche di natura, della nostra parte più
arcaica e animale, di rispetto per i ritmi del corpo, di
movimento, di carezze, di intramontabile amore.
Sei un tempio, prenditene cura.

Goditi la vita.
Questa non è una prova generale.
[F. Nietzsche]

Con il tempo ho capito che non conta dove arrivi, ma come ci arrivi.
Che lì, sul traguardo immaginario, hai due opzioni: arrivarci affannato, carico di rimpianti, con lo sguardo che annaspa ancora avanti su una strada ormai finita, oppure arrivarci col respiro calmo, il profilo di un sorriso e lo sguardo indietro, a contemplare quanto incredibilmente bello sia stato percorrere la tua strada.

Quando poi capirai che nessuno può renderti felice, e che la felicità è un moto dell'anima tua, allora sarai liberata.
La tua felicità non è responsabilità altrui e allo stesso modo la felicità altrui non è tua responsabilità.
E sarà allora che imparerai a nutrirla, averne cura, difenderla.
Sentirai la rabbia dissolversi, e imparerai ad amarti.
Sceglierai di essere felice, perché è quello che meriti.

Goditela questa tua vita,
è l'unica che hai.

Nessun uccello vola appena nato,
ma arriva il momento in cui il richiamo dell'aria
è più forte della paura di cadere
e allora la vita gli insegna a spiegare le ali.
(Luis Sepúlveda)

Un uccello tenuto in gabbia pensa che quello sia tutto il mondo.

Lo pensavo oggi, mentre guardavo la città dall'alto, dal finestrino di un aereo.

Da quella distanza la città perde ogni disordine, caos, rumore. Appare nella sua interezza: serenamente immobile.

Un'immagine che distende gli occhi e il cuore.

Un punto di vista che dall'interno della città risulta difficile da percepire. Vedi il dettaglio, perdi l'insieme.

Lo stesso accade per i nostri problemi, che troppo spesso diventano le pareti invisibili della nostra gabbia: non vediamo altro, in un processo inconsapevole di assolutizzazione che ci imbriglia in uno stato di sofferenza.

Un loop di pensieri ed emozioni.

Talvolta è necessario ritrovare una certa distanza.

Allontanarsi, per una visione più chiara.

Ogni questione umana non ha mai un valore assoluto, ma quello che gli attribuiamo.

E così mettere su qualche chilo può essere una tragedia quanto una questione di irrilevante importanza. Così come un esame andato male. O la fine di una relazione.

O la perdita di un lavoro.

C'è sempre un "oltre" al di là di quattro pareti.

Non dimenticarlo. Mai.

Affacciati, apri gli occhi e guarda.
C'è sempre una strada, devi solo vederla. E seguirla.
Puoi farlo.
Non esistono sbarre, se non quelle che ti sei creata.

Ho guardato la mia rabbia,
e l'ho vista trasformarsi nel rispetto per me stesso, in un "no" convinto, in quell'atto di affermazione e rispetto per ciò che sono.

Ho guardato la mia tristezza,
e l'ho vista trasformarsi da immobilità al primo passo di un cambiamento. Una nuova strada era lì ad attendermi, ed io l'ho seguita.

Ho guardato la mia gioia,
e l'ho vista trasformarsi nel senso di una profonda gratitudine. Mi son fermato, ho respirato l'aria guardandomi intorno. Sentivo, ero felice.

Ho guardato la mia paura,
e l'ho vista pian piano sgretolarsi ai miei occhi. Quei mostri li nutrivo con i miei pensieri. Ho smesso di pensare, ho mosso un passo, un altro ancora, e li ho visti trasformarsi in cenere.
Eccomi. Ci sono davvero, qui e adesso.

Siamo acqua.
Energia libera. Impalpabile e diffusa.
Ci infilano o ci infiliamo in recipienti dorati che recano il nostro nome.
La nostra bella forma.
Il nostro ruolo.
E restiamo lì, spesso per anni, fino a quando la nostra Natura ci ricorda che siamo nati per scorrere.
Abbandonare la forma costituita.
Ricominciare a fluire.

E siate gentili.
Perché un sorriso riscalda
e la rabbia allontana e consuma.
E la curva del tempo restituisce colore a un seme
e polvere al fuoco del rancore.
Chè questa vita è un giro di giostra,
e ogni giro finisce,
e quel che resta è la gioia del viaggio,
e il ricordo che di te vivrà negli occhi
di chi avrai accarezzato con amore.

Mi domando se la mia è una vita felice
E so rispondere solo che mi piace.
[Fabrizio Moro]

È quell'età in cui la tua visione della vita si allarga.
Sai che niente è assoluto, che sopravvivi alle delusioni e alle sofferenze, che la tua vita è una ma può contenerne tante.
Sai che puoi ricominciare, che c'è sempre tempo per farlo.
Sai che finché respiri puoi scegliere.
Impari a fregartene del parere degli altri, ti prendi il lusso di sbagliare senza farne una tragedia, sai di avere abbastanza tempo per fare le cose ma non abbastanza per perdere tempo.

Non pensare a domani, vivi adesso.
Non trascinarti il peso di ieri, lasciati andare con leggerezza al tuo oggi.
Ascolta il tuo respiro più che i tuoi pensieri.
Senti le tue gambe, le tue mani, il tuo corpo. Ascoltane i segnali, rispettali.
Smettila di paragonare la tua vita a ciò che era ieri o a come vorresti che fosse. Accetta il tuo adesso, solo così inizierai a cambiare le cose.
Non aver fretta ma non permettere a niente e nessuno di fermarti: c'è solo un tempo giusto, ed è il TUO tempo.
Passo dopo passo, si percorrono le grandi distanze.

Inizia, adesso.

Io credo che a questo mondo esista un'unica grande legge: l'inizio e la fine.

E dobbiamo farci i conti, tutti.

Viviamo come se fossimo eterni, ed eterni non siamo.

Viviamo come se ci fosse sempre un domani che, in realtà, non ci è garantito.

Viviamo come se quello che abbiamo fosse scontato, fosse un dato di fatto, fosse immutabile.

Ci sbagliamo.

Operiamo al meglio in questo nostro passaggio.

Lasciamo un contributo, qualunque esso sia.

Un figlio, un diario, un pensiero, un dipinto, una foto, un ricordo nel cuore degli altri.

Diffondiamo amore per lasciare un mondo migliore di come lo abbiamo trovato.

Lasciamo andare il superfluo, la consapevolezza della fine sia per noi monito e spinta: non tutto è così importante, non leghiamoci a inutili dettagli, il parere altrui non è vitale, non lo è una brutta figura, né un fallimento, né un rifiuto, né una ferita al nostro orgoglio.

Non tutto è così importante, ma ogni cosa sia per te importante: ogni passo, ogni respiro, ogni gesto d'affetto, ogni parola gentile, ogni piccolo, luminoso segno del tuo passaggio in questa vita che è un tutto e un niente.

Sorridi, prenditi in giro, fregatene, credici sempre.

È la vita, la tua.

Dalle valore, ma non prenderla troppo sul serio.

Dagli abusi
Dagli schemi
Dai pregiudizi
Dalle costrizioni
Dalle gabbie mentali
Dalle zone di comfort
Dai "non posso farcela"
Dalle paure paralizzanti
Da chi non ti vede davvero
Dalle difese che diventano distanze
Dal peso del passato e dalla paura del futuro
Da chi ti vuole come desidera e non come sei

Buona liberazione.

Indice

Printed in Great Britain
by Amazon